LA CHERCHEUSE D'ESPRIT,

OPERA COMIQUE

De Monsieur FAVART.

NOUVELLE ÉDITION.

A PARIS,

Chez la Veuve ALLOUET, au milieu du Quay de Gêvres, à la Croix blanche,

M. DCC. XLVII.

ACTEURS.

Mad. MADRÉ, riche Fermiere.

Mr. SUBTIL, Tabellion.

Mr. NARQUOIS, Savant.

NICETTE, Fille de Madame Madré.

ALAIN, Fils de Monsieur Subtil.

L'ÉVEILLÉ.

FINETTE.

Le Théâtre représente un Village. La Maison de Madame Madré est dans le fonds

LA

CHERCHEUSE D'ESPRIT,

OPERA COMIQUE.

SCENE PREMIERE.

Mr. SUBTIL, Me. MADRE'

Mr. SUBTIL.

AH! Je vous rencontre à propos, ma Commere Madré, j'aillois vous voir.

Me. MADRE'.

Par quel hazard, Monsieur Subtil ?

Mr. SUBTIL *Mystérieusement.*

Je viens vous dire que j'ai dessein de me remarier.

Me. MADRE'.

De vous remarier! C'est fort bien fait. J'ai envie aussi de me remarier, moi.

Mr. SUBTIL.

Ah, ah! Je suis charmé de cette conformité. Cela m'encourage à vous faire la demande.

Me. MADRE'.

Vous voulez m'épouser ? Je vous devine.

Mr. SUBTIL.

Pas tout-à-fait.

Me. MADRE'.

Comment l'entendez-vous donc ?

Mr. SUBTIL.

C'est votre fille que je demande en mariage.

Me. MADRE' *étonnée.*

Ma fille ! Ma fille, Nicette !

Mr. SUBTIL.

Oui, Nicette, votre fille.

Me. MADRE'.

Vous badinez ?

Mr. SUBTIL.

Nanni, ma foi !

AIR *des Feuillentines.*

Je veux être son époux.

Me. MADRE'.

Entre nous,
Compere, qu'en feriez-vous ?

Mr. SUBTIL.

Belle demande, Madame,
J'en ferois.... parbleu, j'en ferois ma femme.

Me. MADRE'.

AIR. *Je ne vous ai vû qu'un seul petit moment.*

Elle, votre femme !

Mr. SUBTIL.

Oui vraiment.

Me. MADRE'.

Hélas.
C'est une chose qui ne se peut pas.

Mr. SUBTIL.

AIR. *Si la jeune Iris a paur moi du mépris.*

Expliquez-vous mieux,
Je ne suis pas si vieux.

Me. MADRE'.

Qu'importe.

M. SUBTIL.

Mon amour vous exhorte
A me rendre content.

Me. MADRE'.

Nicette est un enfant.

Mr. SUBTIL.

Qu'importe.
J'en suis enchanté !

AIR. *Tes beaux yeux, ma Nicole*

Sa taille est ravissante,
Et l'on peut déja voir
Une gorge naissante
Repousser le mouchoir ;

Elle a pour excellence,
Un tein.... des yeux.... elle a....
Elle a ſon innocence
Qui ſurpaſſe cela.

Me. MADRE'.

Mais, ignorez-vous que Nicette eſt la ſimplicité même?

Mr. SUBTIL.

Tant-mieux, morbleu!

Me. MADRE'.

Vous auriez-là une jolie ſtatuë.

AIR. *Que je ſuis à plaindre en cette débauche.*

Machinalement elle coud, tricote,
Et jamais ne lâche un mot.

Mr. SUBTIL.

Bon, tant-mieux, tant-mieux.

Me. MADRE'.

Mais elle ſi ſotte....

Mr. SUBTIL.

Je riſquerai moins d'en être ſot.

Me. MADRE'.

Comment, un homme d'eſprit comme vous, Procureur & Notaire Royal, qui pis eſt, épouſer une Agnés?

Mr. SUBTIL.

C'eſt pour la rareté du fait.

Me. MADRE'.

Vous voulez vous diſtinguer.

Mr SUBTIL.

Ma défunte n'avoit que trop d'eſprit, de par tous les Diables!

Me. MADRE'.

C'eſt ſingulier, que vous autres gens de pratique, ruſés & malins de votre naturel, vous trouviez toujours des femmes plus ruſées & plus malignes que vous!

Mr. SUBTIL.

C'eſt pour éviter ce malheur, que je veux épouſer Nicette. L'heureuſe ſimplicité!

Me. MADRE'.

Oui, hom! Je ne ſçai où j'ai pêché cette beſtiole.

Mr. SUBTIL.

AIR. *J'offre ici mon ſçavoir faire.*

Que diriez-vous donc, ma chere,

Que diriez-vous d'Alain, mon fils ?

Me. MADRE'.

Moi je dis qu'Alin vaut son prix.

Mr. SUBTIL.

Est-il un plus sot caractére !

Me. MADRE'.

Moi je dis qu'Alain vaut son prix.

Mr. SUBTIL.

De moi ce nigaud ne tient guére.

Me. MADRE'.

AIR. *Je voudrois bien me marier.*

De vous il tient peu, je le croi,
Ainsi disoit sa mere.

Mr. SUBTIL.

Je ne sçai qu'en faire, ma foi.

Me. MADRE'.

Si vous vouliez, compere,
Je sçaurois bian qu'en faire, moi,
Je sçaurois bian qu'en faire.

Tenez, Monsieur le Tabellion, ce garçon-là ne vaut rien pour votre Etude; pardi mettons-le au labour; il y a moyen de s'accommoder troc pour troc; je vous donne Nicette, vous me donnerez Alain.

Mr. SUBTIL.

Quoi! vous voudriez être femme de ce benet-là ?

Me. MADRE'.

Chacun a ses petites raisons, mon compere, nous ne manquons pas d'esprit, vous & moi.

AIR. *C'est fort bien fait à vous.*

Craignez-vous l'artifice,
Fatal à maint époux ?
Prenez une novice,
C'est fort bian fait à vous :
Mais moi, que je choisisse
Pour engager ma foi,
Un garçon sans malice,
C'est fort bian fait à moi.

Allons, déterminez-vous.

Mr. SUBTIL.

Parbleu, Nicette mérite bien que je vous accorde Alain; touchez-là.

Me. MADRE'.

C'est marché fait.

Mr. SUBTIL.

J'irai tantôt chez vous dreſſer les articles des Contrats.

Me. MADRE'.

Et nous ferons nos nôces à l'abri de celles de ma Niéce, qui épouſe aujourd'hui l'Eveillé, comme vous le ſçavez.

Mr. SUBTIL.

C'eſt bien dit. J'apperçois Nicette; laiſſez-moi la preſſentir un peu ſur cette affaire.

Me. MADRE' *à part.*

J'ai peur qu'il ne ſe répente !....

SCENE II.

NICETTE, Me. MADRE', Mr. SUBTIL.

Me. MADRE' *à Nicette.*

VEnez-çà. Comme ça ſe tient ; levez la tête ; ſaluez Monſieur, & répondez ſur ce qu'il vous dira.

(*Nicette ſaluë niaiſement.*)

Mr. SUBTIL.

AIR. *Si cela eſt, hé bien tampis.*

Approchez mon aimable fille,
(*à part.*)
Ah que je la trouve gentille !
) *à Nicette.*)
Votre douceur
Gagne le cœur.

NICETTE.

Le cœur !

Mr. SUBTIL.

Pour vous Nicette je ſoupire ;
C'eſt l'effet d'un regard que vous m'avez lancé.

NICETTE.

Lancé !

Mr. SUBTIL.

Soulagez mon martyre,
Pour jamais l'amour m'a bleſſé.

NICETTE.

Bleſſé !

Me. MADRE'.

L'entretien me fait rire!

Mr. SUBTIL.

De ces yeux si jolis
Tous les coups sont partis,
Je meurs d'amour.

NICETTE.

Hé bien, tampis.

Me. MADRE' *à M. Subtil.*

Vous lui parlez Hébreu. (*à Nicette*) Nicette, Monsieur le Tabellion se présente pour être votre mari.

Mr. SUBTIL.

Oui, ma belle enfant.

AIR. *L'éclat de mon bonheur*,

Je viens de vous choisir
Pour ma petite femme.
Aurez-vous du plaisir
En m'épousant ?

NICETTE.

Oh dame !

Mr. SUBTIL.

Hé bien ?

Me. MADRE'.

Acheve donc.

NICETTE.

Oh dame ? ...
Je n'en sçai rien.

Me. MADRE'.

Comment, est-ce ainsi qu'on doit répondre ?

NICETTE.

Eh ! mais je ne peux pas sçavoir ça, moi.

Me. MADRE'.

Il faut faire une révérence & dire ; *Oui, Monsieur*.

Mr. SUBTIL.

Ma chere Nicette, est-ce que vous auriez de la répugnance pour moi ?

NICETTE *faisant la révérence.*

Oui, Monsieur.

Me. MADRE'.

La petite impertinente !

NICETTE.

Vous m'avez dit de dire comme ça.

Me. MADRE'.

Oui, d'abord ; mais à présent il faut dire *non*.

Mr. SUBTIL *à Nicette.*

Je vous demande si vous me trouvez digne d'être votre mari ?

NI-

NICETTE.

Non Monſ.... Je dis non, ma mere.

Mr. SUBTIL.

Ah! laiſſez-la parler comme elle voudra; ſes réponſes me font voir qu'elle n'entend pas le langage des Amans.

AIR. *Ces filles ſont ſi ſottes.*

Cela me prouve ſon honneur.
(*à Nicette.*)
Oui, vous avez, mon petit cœur,
Des tréſors que j'admire.
De la vertu, de la pudeur;

Me. MADRE'.

Répondez, petite fille.

NICETTE.

Cela vous plaît à dire,
Monſieur,
Cela vous plaît à dire.

Me. MADRE'.

Quels diſcours! quel eſprit matériel!

Mr. SUBTIL.

AIR. *Adieu, voiſine.*

Je ſçaurai bien le déboucher
Ah! l'aimable innocence!
Rien encore n'a pû l'enticher:
Quel plaiſir quand j'y penſe!
Ah! quel plaiſir de défricher
Son ignorance!

Me. MADRE'.

AIR. *Dormir, c'eſt un tems perdu.*

Son eſprit ne ſortira
Jamais de ſa coſſe;
Toujours bête elle ſera
Après comme avant la nôce;
Moi, je n'ignorois de rien,
Dès ſon âge....

Mr. SUBTIL.

On ſçait fort bien
Que vous futes précoce.

Vous l'intimidez: (*à Nicette.*) Venez-ça, répondez à votre fantaiſie. Oui, oui, votre mere le veut bien.

Me. MADRE' *à Nicette.*

Parlez, parlez.

M. SUBTIL.

Ecoutez-moi.

AIR. *Ma femme est femme d'honneur.*

Avec vous je veux m'unir ;
Je me flatte d'obtenir
Votre main, ma chere.

NICETTE.

Ma main ! Pour quoi faire ?

Mr. SUBTIL.

Je vais me marier avec vous.

NICETTE.

Marier !

Mr. SUBTIL.

Oui, je vous cherirai avec tendresse, il faut de son côté, qu'une femme ait beaucoup d'amitié pour son mari : m'aimerez-vous bien ?

NICETTE.

Oui, Monsieur.

Mr. SUBTIL.

Elle dit oui, ma comere ; que je suis content !

AIR. *Ce qui n'est qu'enflure.*

Sur cet aveu plein d'apas,
Mon bonheur se fonde.

NICETTE.

Quoi ! Monsieur, ne doit-on pas
Aimer tout le monde,
Aimer tout le monde.

Mr. SUBTIL.

Ce ne seroit pas-là mon compte.

Me. MADRE'.

C'en est trop : Je perds patience.

Mr. SUBTIL.

Ne la chagrinez pas, elle est telle que je désire.

Me. MADRE'.

Laissez-la donc pour songer au reste.

(*à Nicette.*)

AIR. *Pourquoi vous en prendre à moi.*

Allez chercher de l'esprit,
Nigaude, pécore,
Allez chercher de l'esprit.

NICETTE.

Pourquoi me gronder encore ?

Mr. SUBTIL.

Contr'elle qui vous aigrit ?

Me. MADRE'.

Allez chercher de l'eſprit,
Nigaude, pécore,
Allez chercher de l'eſprit.

NICETTE.

Mais je ne ſçai pas où l'on en trouve.

Me. MADRE' *s'en va, en hauſſant les épaules.*

Hom !

Mr. SUBTIL *rit.*

Ah, ah, ah. Sans adieu, belle Nicette.

SCENE III.

NICETTE *ſeul.*

QUe je ſuis malheureuſe ! Ma mere me dit tous les jours, allez chercher de l'eſprit ; & quand je demande où il y en a, elle hauſſe les épaules, & ſe mocque de moi.

AIR. *Quel déſeſpoir.*

Quel déſeſpoir
D'être ſans eſprit à mon âge !
Quel déſeſpoir !
Je pleure du matin au ſoir.
Il faudra voir
Si l'on en vend dans le Village.
Quel déſeſpoir !
Je pleure du matin au ſoir.

(*Apercevant Mr. Narquois, qui ſe promene en liſant.*)

Je vois un habile homme,
Que pour l'eſprit on renomme.

SCENE IV.

Mr. NARQUOIS, NICETTE.

NICETTE *continuë, en abordant Mr. Narquois.*

MOnſieur, dites-moi comme
Je dois faire pour m'en pourvoir.

Mr. NARQUOIS.

Il faut ſçavoir....

NICETTE.

Daignez, non pas pour grosse somme,
M'en faire avoir,
Si vous en avez le pouvoir.

Mr. NARQUOIS

Expliquez donc la chose,

NICETTE.

Excusez-moi, si j'ose....

Mr. NARQUOIS.

Expliquez donc la chose.

NICETTE.

C'est....

Mr. NARQUOIS.

Elle hésite, elle rougit.

NICETTE.

C'est qu'il s'agit.
C'est que je voudrois une dose....

Mr. NARQUOIS.

De quoi?

NICETTE.

D'esprit.
Voulez-vous m'en faire crédit.

Mr. NARQUOIS.

Ah, ah!

NICETTE.

On dit com'ça, Monsieur Narquois, que vous êtes bien sçavant; & que vous avez été obligé de quitter Paris, parce que vous ayiez trop d'esprit?

Mr. NARQUOIS.

C'est la vérité, ma fille.

NICETTE.

Je ne puis donc mieux m'adresser pour en avoir.

Mr. NARQUOIS.

AIR. *Je veux garder ma liberté.*

Cela ne s'acquiert qu'à grands frais.

NICETTE.

Ah! Monsieur, quel dommage!
Je n'ai pas de grands moyens; mais,
En attendant davantage,
Prenez mon anneau.

Mr. NARQUOIS.

Gardez ce joyau,
Je n'en puis faire usage.
J'agis sans intérêt, mon enfant; mais de quelle es-

péce d'esprit voulez vous ? car il y en a de plusieurs sortes.

NICETTE.

Dame, je veux du meilleur.

Mr. NARQUOIS.

De cet esprit, chef-d'œuvre de l'art, brillanté par l'imagination, & rectifié par le bon sens ?

NICETTE.

Je ne connois pas ces gens-là.

Mr. NARQUOIS.

AIR. *Confiteor.*

On peut définir cet esprit,
Saillie aimable & raisonnée ;
Ou, comme un de nos Auteurs dit,
C'est la raison assaisonnée.
Mon enfant, vous comprenez bien.

NICETTE.

Comme si vous ne disiez rien.

Mr. NARQUOIS.

L'esprit que vous me demandez est une chose bien rare !

NICETTE.

Comment avez-vous trouvé le votre ?

Mr. NARQUOIS.

En feuilletant de bons Livres.

NICETTE.

C'est donc pour feuilleter des Livres que ma mere s'enferme dans le cabinet de Monsieur le Bailli ?

Mr. NARQUOIS.

Cela peut être.

NICETTE.

Prêtez-moi celui que vous tenez.

Mr. NARQUOIS.

Pourquoi faire ?

NICETTE.

Pour le feuilleter, afin de trouver tout d'un coup de l'esprit comme vous.

Mr. NARQUOIS.

Ah, ah, l'esprit ne se trouve pas si promptement. Le mien est le fruit d'une longue étude, j'ai commencé par les Humanités.

NICETTE.

Je ſuis déja fort humaine.

Mr. NARQUOIS.

Enſuite, j'ai étudié la Rhétorique, la Philoſophie, le Droit.

NICETTE.

Et ma mere, a-t-elle auſſi étudié tout cela?

Mr. NARQUOIS.

Non vraiment.

NICETTE.

AIR. *Suivons l'amour, c'eſt lui qui nous mene.*

Oh bien, tenez, c'eſt trop de myſtere.
Monſieur Narquois, donnez-moi plutôt
Du même eſprit dont ſe ſert ma mere;
Car c'eſt, je crois, de celui qu'il me faut.

Mr. NARQUOIS.

C'eſt-à-dire, que vous demandez de l'eſprit naturel.

NICETTE.

Naturel, ſoit.

Mr. NARQUOIS.

Oh, oh! celui-là eſt un préſent de la nature que l'éducation ne ſçauroit donner.

NICETTE.

Comment?

Mr. NARQUOIS.

AIR. *O riguingué o lon lan la.*

On peut fort bien le cultiver;
Mais non pas en faire trouver.

NICETTE.

Vous voulez me faire endéver.

Mr. NARQUOIS.

Ma fille, en cette conjoncture,
L'art ne peut rien ſans la nature.

NICETTE.

Eſt-ce que vous n'avez pas de ſteſprit-là, vous?

Mr. NARQUOIS.

J'en ai; mais....

NICETTE.

Mais vous ne voulez pas m'en donner, c'eſt bien vilain.

AIR. *Tu n'as pas le pouvoir.*

En vous j'ai mis tout mon espoir,

Mr. NARQUOIS.

J'aurois beau le vouloir, *bis.*
Hélas! malgré tout mon sçavoir,
Je n'ai pas ce pouvoir. *bis.*

NICETTE.

Il me quitte. Je ne connois rien de plus chiche que ce viellard-là.

SCENE V.

L'EVEILLE', NICETTE.

L'EVEILLE'.

AIR. *L'agaçante. Je vous aime Céliméne.*

Finette avec moi s'engage,
Ma personne l'attendrit,
Je l'empaumons par mon langage:
Morgué, vivent les gens d'esprit.
La fortune me rit;
J'épousons la parle du Village.
La fortune me rit;
Morgué, vivent les gens d'esprit.

NICETTE.

Ah! vous en avez? Donnez-m'en, Monsieur l'Eveillé?

L'EVEILLE'.

AIR. *Vien, ma Bergere, vien seulette, o lon lan la lan derira.*

Que voulez-vous de moi, Nicette?
O lon lan la lan derira.
Tatigué qu'alle est joliette
O lon lan la landelirette,
Que d'agrémens elle a déja.

NICETTE.

AIR. *Vous en venez, vous en venez.*

L'esprit seroit mieux mon affaire;
J'en demande mon nécessaire.

L'EVEILLE'.

Oh! puisque vous en desirez,
Vous en aurez, vous en aurez,
Je prévoi bian que vous en aurez,
Que vous en aurez.

NICETTE.

Voyez ce vilain Monſieur Narquois, il m'a dit com'ça, que ça ne ſe pouvoit pas.

L'EVEILLE'.

Bon, bon! Vlà encore un biau olibrius; il n'a de l'eſprit qu'en latin, j'en avons en Français.

AIR. *Le tout par nature.*

Oh quant à l'égard de ça,
De reſte j'en avon là.
Comme moi Finette en a,
Et bian-tôt, je vous jure,
Comme à nous il vous viandra,
Le tout par nature.

NICETTE.

Et ça ne peut-il pas ſe donner?

L'EVEILLE'.

Oui, vraiment.

AIR. *Tout cela m'eſt indifferent.*

En voici la comparaiſon:
Lorſque l'on greffe un ſauvageon,
La ſéve, par cet ſtratagême,
Se communique & fait profit....
Il en eſt ainſi tout de même,
On peut ſe bailler de l'eſprit.

NICETTE.

Et ne pourriez-vous m'en faire avoir dès-à-préſent?

L'EVEILLE'.

Moi? Eh mais.... Tartiguoi! Alle eſt bien drollette!

AIR. *Oh ricandaine, oh ricandon.*

Et pourquoi non, mon biau tendron,
Oh ricandaine, oh ricandon.
Quoique j'ayons l'air un peu rond,
J'en ſçavons long.
Avec ce petit bec mignon,
Votre recharche, mon trognon,
N'eſt pas vaine.
Le joli minois que voilà!
Pour vous il me parle déja.
(*Il rit.*)
Ah, ah, ah, ah, ah, ah, ah!

C'a

Ça puisque l'esprit est sur jeu,
Par la jarni, je sens bien que...
Oui, je vous en baillerai,
O ricandaine,
Je vous en donnerai,
O ricandé.

NICETTE.

AIR. *Donnez, Amans, mais donnez bien.*
Vaudeville du Magnifique.

Vos bontés me rendent confuse.
Me ferez-vous de tels présens !
A moi qui n'ai que quatorze ans.

L'EVEILLE'.

Jamais l'esprit ne se refuse....
Laissez faire, je vous donnerai tout ce que j'en ai.

NICETTE.

AIR. *Non, je ne veux pas rire.*
(à part.)

Me donner tout l'esprit qu'il a !
Vaux-je la peine de cela ?

L'EVEILLE'.

Oui, ma petite reine,
Vous en valez bian la peine,
Vous en valez bian la peine,
Oui-da ;
Vous en valez bian la peine.

NICETTE.

AIR. *Allons la voir à St. Cloud.*

D'un pareil bienfait, hélas !
Je serai reconnoissante.
Sur-tout ne me trompez pas ;
Car je suis bien innocente.

L'EVEILLE'.

Pargué j'en serois bian fâché.

NICETTE.

Il faut me faire bon marché ;
Car je ne suis pas riche.

L'EVEILLE'.

Et moi je ne suis pas chiche.
Je sis un garçon fort sarviable, fort charitable ; je ne demandons que vot' amiquié.

NICETTE.

C'est trop juste.

L'EVEILLE'.

AIR. *Vaudeville du retour de Fontainebleau.*

Gardez-vous sur cet entretien,
De jaser avec Finette.
Allez, je vous instruirons bien;
Ça, commençons, belle Nicette.

SCENE VI.

L'EVEILLE', FINETTE, NICETTE.

FINETTE *retirant l'Eveillé.*

AH gué gué gué gué comme il y va,
La la la la la la la la la la la la la la.

L'EVEILLE'.

Me vlà pris comme un Renard.

NICETTE.

Pardi, ma Cousine Finette, vous êtes bian insupportable de venir nous interrompre comme ça mal-à-propos.

FINETTE.

Oui-da!

AIR. *L'autre jour Colin d'un air badin.*

(*à part.*)

Avec ce tendron,
Vous vouliez donc
Ici me faire niche?

L'EVEILLE'.

Qu'apréhendez-vous?

FINETTE.

Craignez mon courroux.

L'EVEILLE'.

Queu transport jaloux!
Je ne lui fais pas les yeux doux.

FINETTE.

De conter fleurette
Vous n'êtes pas chiche;
Laissez-là Nicette,
Tôt que l'on déniche,
Pour cette poulette
L'Eveillé me triche,
Tout prêt d'être mon mari;
Fi.

L'EVEILLE'.

AIR. *Tourlouririrette lironfa.*

Ecoutez-moi, belle brunette,
Et calmez ce brufque dépit.
(Il rit.)

FINETTE.

Je crois encore qu'il en rit.

L'EVEILLE'.

C'eſt.... c'eſt.... c'eſt que Nicette
Charche par-tour de l'eſprit....
Queu mal fait-on quand on l'inſtruit?

NICETTE.

AIR. *Tarare pompon.*

M'empêcher d'en avoir vous n'êtes guere bonne;
Mais il m'en donnera
Pour cette bague-là.

FINETTE.

Doucem[illegible] ma mignone,
Je lui d[illegible]

[illegible]ICETTE.

Pourquoi?

FINETTE.

Oh l'Eveillé n'en donne
Qu'à moi.

NICETTE.

Eh mais; vous en avez tant?

FINETTE.

On n'en ſçauroit trop avoir.

NICETTE.

Laiſſez-la dire, Monſieur, l'Eveillé. Donnez-m'en toujours.

L'EVEILLE'.

AIR. *C'eſt la choſe impoſſible.*

Oh Finette ne le veut pas.

NICETTE.

Franchement cela me chagrine.
Que dois-je faire en pareil cas?
Ayons recours à ma couſine.
Je compte ſur vous pour cela;
Donnez-m'en donc.

L'EVEILLE'.

Qu'alle eſt riſible!
C'eſt la la la la la la la la
C'eſt la choſe impoſſible,

FINETTE.

Allez, l'Eveille se mocque de vous, ça ne se donne point, ça vient tout seul.

NICETTE.

Eh quand ça vient-il donc ?

FINETTE.

Dame, ça vient.... ça vient quand ça vient ; queu question elle fait-là ?

NICETTE.

AIR. *Ah ah venez-y toutes les belles jeunes filles moudre.*

Ne puis-je sçavoir comme
Cet esprit me viendra ?

L'EVEILLE'.

Ce sera
Lors qu'auprès d'un jeune homme,
Le petit cœur fera
Ti ta ti ta ti ta ta.
Et que vous sentirez naître
Un desir pressant de connoître
Ce qui cause ça.

NICETTE.

Je n'y entends rien.

L'EVEILLE'.

C'est que vous ne sçavez pas ce que c'est que l'esprit.

NICETTE.

Qu'est-ce que c'est donc ?

L'EVEILLE'.

L'esprit, c'est.... c'est une belle chose !

NICETTE.

Hé bien ?

L'EVEILLE'.

Ça sart biaucoup aux filles.

NICETTE.

Hé bien ?

L'EVEILLE'.

C'est....

FINETTE.

Oh c'est, c'est.... qu'alle aille aprendre d'Alain ce que c'est.

L'EVEILLE'.

Pargué, ça doit faire un bel atelage !

AIR. *Ah que Colin l'autre jour me fit rire.*

Qu'il vous en donne, Alain en eſt le maître.

NICETTE.

Alain, Alain, cela pourroit-il être ?
On dit, hélas !
Qu'il n'en a pas.

L'EVEILLE' & FINETTE, (*en s'en allant.*)

Ah ah ah ah ah ah ah ah ah ah.

SCENE VII.

NICETTE *ſeule.*

AIR. *Il faut que je file, file.*

TOut le monde m'abandonne,
Ça me fait ſécher ſur pié.
Ne trouverai-je perſonne,
Pour moi de bonne amitié,
Qui m'en donne, donne, donne,
Qui m'en donne, par pitié ?

AIR. *Au bout, au bout, au bout du monde.*

Ne perdons pas encore courage,
Informons-nous dans le Village ;
Je ferai tant que j'en aurai.
Quêtons à la ronde,
S'il le faut, j'irai
Au bout, au bout, au bout du monde.

AIR. *Roſſignolet du verd bocage.*

Je mettrai fin par cette emplette,
A mon chagrin.

SCENE VIII.

NICETTE, ALAIN.

ALAIN.

Suite de l'AIR précédent.

VOus voilà donc ! Bon jour, Nicette.

NICETTE.

Bon jour, Alain.

ALAIN (*rit niaisement.*)

He, he, he, he.

NICETTE.

Qu'avez-vous a rire?

ALAIN.

He, he, j'en ai envie toutes les fois que je vous rencontre.

NICETTE.

Est-ce que j'ai la mine risible?

AIR. *Philis cherchant son amant.*

Tout chacun se mocque de moi.

ALAIN.

Ce n'est pas pour ça, j'arniguoi,
Dam', tenez, je ne sçai pourquoi;
Je ris d'aise, à ce que je croi,
Quand je vous voi.

Est-ce que vous n'êtes pas itou bien aise de me voir, vous?

NICETTE.

Oui, Alain.

ALAIN.

Stapendant vous avez l'air triste.

NICETTE.

C'est que je suis fâchée.

ALAIN.

AIR. *Tu n'as pas ce qu'il me faudroit.*

Hé bien! Qu'est-ce qui vous chagrine?

NICETTE.

Ah! Je n'ai point d'esprit, Alain.

ALAIN.

Quoi! c'est ça qui vous met en peine?
Non plus que vous, je n'en ai brin;
Je n'en eus jamais, & j'ignore
A quoi l'esprit me serviroit.
Je puis sans ça bian vivre encore.

NICETTE.

Oh! Moi, je sens bien qu'il m'en faudroit.

AIR. *Ton humeur est Catherine.*

C'est, dit-on, chose fort belle,
Aux filles ça sart biaucoup.

ALAIN.

Où cette drogue croît-elle?

NICETTE.

C'a se trouve tout d'un coup.

ALAIN.

Là-dessus je voudrois m'instruire.

NICETTE.

Un pareil desir me tient.
Tout ce que je puis vous dire,
C'est que ça vient, quand ça vient.

Sans ma cousine, l'Eveillé m'auroit peut-être donné de l'esprit.

ALAIN.

Je sis fâché de n'en point avoir, je vous en ferois présent.

NICETTE.

Je ne sçai, j'aimerois mieux vous avoir stobligation-là qu'à d'autres.

ALAIN.

Je ne demanderois qu'à vous faire plaisir.

NICETTE.

Je voudrois bien vous faire plaisir aussi.

ALAIN.

Je ne sçai pas comme ça se fait, vous me revenez mieux que toutes les filles du Village.

NICETTE.

Et vous, vous me plaisez mieux que Robin, mon Mouton.

ALAIN.

Tatiguoi! sans sçavoir c'en que c'est que l'esprit, vous me donnez envie d'en avoir.

NICETTE.

AIR. *Chacun dans notre Village vit content.*

Cherchons-en ensemble,
Quand nous en aurons
Nous partagerons.

ALAIN.

Vous avez raison, ce me semble.
J'en trouverons mieux,
Quand nous serons deux.

NICETTE.

Si j'en trouve par hazard, en mon particulier, je vous en ferai part aussi-tôt.

AIR. *Une vielle d'argent lirette.*

Tout à la bonne franquette,
Se partagera.
La part sera bien-tôt faite,
Dès qu'il m'en viendra.
Tout sera pour vous, Nicette,
Tout pour vous sera.

Je n'en veux avoir que pour vous.

NICETTE.

C'est bian honnête ; mais il faut que ça soit en commun. Allons en chercher au plûtôt.

ALAIN.

Par où faut-il aller?

NICETTE.

Je n'en sai rien.

ALAIN.

Attendez......

AIR. *Un jour le bon pere Abraham prêchoit avec instance.*

On trouve de tout à Paris.
On en vend là sans doute;
Ne vous embarrassez pas du prix,
J'en aurons, quoiqu'il coûte.
Ensemble, allons-y de ce pas,
Eh! Que sçait-on? Peut-être, hélas,
J'en trouverons en route.

NICETTE.

Partons, c'est bien dit.

SCENE IX.

Me. MADRE', NICETTE, ALAIN.

Me. MADRE'.

AIR. *Jen' lui, jen' lui donne pas, mais je lui laisse prendre.*

ALain, où voulez-vous aller
Avec cette innocente?
Demeurez, je dois vous parler,
(*à Nicette.*)
Et vous, impertinente,
Pourquoi lui donnez-vous le bras,
D'un petit air si tendre?

NICETTE

NICETTE.

Jen' lui jen' lui donne pas,
Mais je lui laiſſe prendre.

Me. MADRE'.

AIR. *N'oubliez pas votre houlette, Liſette.*

Ne les laiſſons point ſeuls enſemble,
Je tremble
Qu'ils n'y prennent plaiſir.
Pouvez-vous de la ſorte agir,
Sans rougir, petite pécore.

NICETTE.

Excuſez-moi, Mamam, j'ignore
Encore,
Lorſque l'on doit rougir.

Me. MADRE'.

Allez, petite fille, allez mettre un fichu.

NICETTE.

Je n'ai pas froid, ma mere.

Me. MADRE'.

Allez, vous dis-je, & que je ne ſache pas que vous parliez davantage avec Alain; entendez-vous? Que je ne ſache pas ça.

NICETTE.

Non, ma mere.

Elle ſort en regardant Alain à pluſieurs repriſes; Alain la regarde aller.

SCENE X.

Me. MADRE', ALAIN.

Me. MADRE'.

A Quoi vous amuſez-vous, Alain, avec une morveuſe? Vous ne dites mot. Un garçon d'eſprit répondroit quelque choſe.

ALAIN *d'un ton chagrin.*

Oh! je n'ai pas d'eſprit, moi.

Me. MADRE'.

Hé bien, je vous en ferai avoir.

ALAIN *d'un air joyeux.*

Tout de bon!

Me. MADRE'.

Oui.

ALAIN.

Oh, oh ! tamieux. Que je vous ferai bien obligé !

AIR. *Je ne sçai pas écrire.*
Vaudeville des Billets doux.

Jamais mon pere ne m'apprit
Comme il faut avoir de l'esprit.

Me. MADRE'.

J'en ferai mon affaire.
Je vous instruirai dès ce jour,
L'esprit vient en faisant l'amour.

ALAIN.

Je ne sçais pas le faire.

Me. MADRE.

C'est encore ce que je veux vous montrer. L'esprit ne se façonne que par le commerce du biau sesque.

ALAIN.

Montrez, montrez-moi ça.

Me. MADRE'.

Faut premierement que vous choisissiez une amoureuse.

ALAIN.

Qu'est-ce que c'est ça, une amoureuse ?

Me. MADRE'.

AIR. *On n'aime point dans nos Forêts.*

Une Belle qu'on aime bien ;
Supposons que ce soit moi-même,

ALAIN *d'un air riant.*

Oh, tenez, ne supposons rien ;
C'est déja fait.

Me. MADRE' *à part.*

C'est moi qu'il aime.

ALAIN.

Je viens de choisir à l'instant.

Me. MADRE' *à part.*

Ah ! qu'il me rend le cœur content !

C'est cet aveu que je demandois.

ALAIN.

Hé bien, stamoureuse, comme vous dites ?

Me. MADRE'.

AIR. *Que je regrette mon amant.*

Il faut l'aborder joliment,
Et d'une maniere galante,
On lui fait un doux complimen...

ALAIN.

Fort bien.

Me. MADRE'.

Après on lui présente,
D'un air coquet,
Un bouquet
De muguet,
Ou d'œillet,
Qu'on lui met
A son corcet.

ALAIN.

Allez, allez, cela vaut fait.

Mais qu'est-ce que c'est que faire un compliment ?

Me. MADRE'.

Par exemple, c'est recomparer sa Belle aux fleurs, au biau jour, enfin, à ce qu'on trouve de plus agriable.

ALAIN.

Bon; revenons à stamoureuse.

Me. MADRE'.

AIR. *Quand la Bergere vient des champs tout dandinant.*

Ensuite on lui baise la main,
D'un air badin,
Mon cher Alain,
Quelquefois même plus malin,
Zeste, on l'embrasse,
Avec audace.

ALAIN.

Le tour est fin.

Et l'esprit ?

Me. MADRE'.

L'esprit alors commence à venir. (*en lui donnant son bouquet.*) Eprouvons si vous aurez bien retenu tout ce que je vous ai dit. Vlà mon bouquet.

ALAIN *prend le bouquet, & le met à son côté.*

Donnez.

Me. MADRE'.

AIR. *Est-ce que ça se demande ?*

Il n'entend pas.

ALAIN.

J'entens fort bien.

Toute la manigance.

Me. MADRE'.

Oui, mais voyez s'il en fait rien.

ALAIN.

Baillez-vous patience.

Me. MADRE'.

Répétez donc

Votre leçon.

ALAIN.

Oh ! ce n'est pas la peine.

Alain tantôt

Sera moins sot,

De ça soyez certaine.

Me. MADRE' *à part.*

On lui a dit apparemment que je dois l'épouser : (*à Alain.* Vous sçavez donc ....

ALAIN.

Hé, oui, oui, je sçavons .... Suffit.

Me. MADRE'.

A propos vous êtes de la nôce de Finette ; je vous choisis pour mon meneux, & je vais acheter des rubans pour vous, comme ça se pratique.

ALAIN.

Bon, bon : (*à part.*) Je donnerai tout à Nicette.

Me. MADRE'.

Suivez-moi.

ALAIN *bas à Nicette qui paroît.*

Oh ! oh ! Attendez-moi là, mon Amoureuse.

SCENE XI.

NICETTE *avec des fleurs dans ses cheveux, & un fichu mis à l'envers.*

MA mere emmene Alain. Pourquoi ne veut-elle pas que je lui parle ? Depuis cette défense-là, j'ai toutes les envies du monde de me trouver avec lui. Il me vient mille choses dans la tête. D'où vient donc que je soupire? Rêvons un peu sur tout ça.

SCENE XII.

NICETTE, L'EVEILLE', FINETTE.

L'EVEILLE'.

QUeu délice, Finette! dans une heure, je serons mari & femme.

AIR. *Diversité flatte le goût.*

Tu ne feras plus le dragon,
Belle Brunette, si ma bouche
Vole un baiser sur ton menton,
Ou sur ton petit bec mignon.

(Il veut embrasser Finette, elle le repousse.)

FINETTE.

Tout doux!

L'EVEILLE'.

Quelle mouche
Te pique donc?
Tu fais la mitouche
Hors de saison;
Mais je touche,
Biauté farouche,
Au moment d'en avoir raison.

FINETTE.

Nous verrons ça, patience.

L'EVEILLE'.

Tatigué, qu'alle a l'œil fripon!
Alle animeroit une souche;
Auprès d'alle, jarni coton,
J'ai de l'esprit comme un démon.

NICETTE, *sortant de sa rêverie.*

On parle d'esprit. Ecoutons.

FINETTE.

Pour moi, j'en ons û dès que je t'ai vû, & bien fin à présent qui m'attraperoit.

L'EVEILLE'.

Te souviant-il de la premiere fois que je te rencontris?

FINETTE.

Oh, que oui.

NICETTE.

Je vais sçavoir comment l'esprit leux est venu

L'EVEILLE'.

AIR. *Et la Belle trouva bon.*

Me promenant à l'écart
Un jour au fond d'un bocage,
Je t'avisis par hazard,
A l'abri d'un épais feuillage;
Tu dormois tranquillement.

FINETTE.

Oh, vraiment, j'en faisois semblant.

NICETTE.

Fort bien.

L'EVEILLE'.

Même AIR.

Que ton air étoit charmant!
J'admire d'une cachette,
J'aproche enfin doucement,
Et je baise ta main blanchette;
Tu t'éveille en te fâchant.

FINETTE.

Oh vraiment, j'en faisois semblant.

Mais pendant que tu rapelles le passé, tu ne songes pas au présent.

L'EVEILLE'.

Tu as morgué raison. Aprêtoi-toi, j'allons venir te cherher pour nous marier.

NICETTE.

Vlà-t'il pas qu'elle l'empêche encore d'en dire davantage?

SCENE XIII.

FINETTE NICETTE.

FINETTE.

AIR. *Toujours va qui danse.*

LEs soins, les soucis l'embarras,
Sont les fruits du mariage;
On a des enfans sur les bras.

Il faut faire un ménage ;
Mais de toutes ces peines-là,
Un époux récompense.
Ta la la la la la la la,
Et toujours va qui danse.

NICETTE *appelle Finette, comme elle est prête d'entrer dans la maison.*

Ma cousine ! ma cousine ! (*à part.*) Il faut que je l'éloigne de chez nous, Alain va venir me trouver.

FINETTE.

Qu'est-ce que c'est ?

NICETTE.

(*à part vivement.*) Elle en instruiroit ma mere : (*haut niaisement.*) Monsieur le Tabellion m'a dit de vous dire comme ça, qu'ous alliez cheux lui toute à l'heure, toute à l'heure.

FINETTE.

Est-ce qu'il y auroit queuque anicroche à mon mariage ? Voyons ça.

SCENE XIV.

NICETTE *seule.*

J'Apperçois Alain ; je vais lui dire tout ce que j'ai entendu. Mais commençons par essayer les semblans de ma cousine.

(*Elle se met sur le gazon, & fait semblant de dormir.*)

SCENE XV.

ALAIN, NICETTE.

ALAIN.

AIR. *Je sommeille.*

HOlà, belle Nicette, holà.
Où donc êtes-vous ? La voilà
Qui sommeille.
Avec ces rubans ornons-là ;
Mais prenons garde que cela
Ne la réveille.

Même AIR.

Mardi, le tour feroit malin ;
Mais je crains trop . . . .

NICETTE.

Alain, Alain ;
Je fommeille.

ALAIN.

J'en ai beaucoup à vous conter ;
C'a, ça, ça, que pour m'écouter,
On fe réveille.

Même AIR.

Elle dort, aprochons tout doux . . . .
Je n'oferois, retirons-nous.

NICETTE.

Je fommeille.

ALAIN.

Nicette, c'eft affez dormi,
C'eft la voix d'Alain, votre ami,
Qui vous réveille.

NICETTE *fe leve, & préfente la main à Alain.*

Allons, baifez-moi la main, afin que je faffe femblant de me fâcher. Je fçais comme vient l'efprit.

ALAIN.

Oh, je le fçai bien itout. Allez, l'efprit vient de l'amour.

NICETTE.

De l'amour !

ALAIN.

J'allons vous expliquer ça : Quand on a choifi une amoureufe, c'eft-à-dire, queuqu'un qu'on aime bien, on li fait un compliment, & pis encore on li donne des fleurs.

NICETTE.

C'eft drôle !

ALAIN.

AIR. *La fi[illegible]llage*, ou *Attendez-moi fous l'orme.*

On prend la main encore.

NICETTE.

Enfuite que fait-on ?

ALAIN.

Puis on la baife encore.

NICETTE.

L'efprit ainfi vient donc ?

ALAIN.

ALAIN.

Puis on embrasse.

NICETTE.

Encore !

ALAIN.

Oh ! l'on n'y manque point,
Et d'encore en encore,
L'esprit vient à son point.

J'allons en faire l'expérience. Allons. Prenez que vous vlà. Vous allez voir, vous allez voir.

(*Il va au fond du Théâtre, & revient le bouquet à la main & le chapeau sous le bras, en disant.*)

D'une magniere galante, *il fait la révérence, & dit,*) le compliment à steure. Mademoiselle Nicette, vous êtes belle.... belle.... comme.... comme vous-même. Je ne sçai, modri, rien de plus biau à quoi vous recomparer. (*d'un ton plus familier.*) L'esprit viant-il ?

NICETTE.

Non. Mais j'ai bonne espérance, ça me rend joyeuse.

ALAIN.

AIR. *De l'amour je subis les loix, je n'en fais plus un vain mystére.*

Recevez donc ce biau bouquet.

NICETTE.

Très-volontiers.

ALAIN.

Il faut, Nicette,
Que je l'attache à ce corcet.

NICETTE.

Très-volontiers.

ALAIN *après avoir attaché le bouquet.*

L'affaire est faite.
Prenons & baisons cette main.

(*Il baise la main de Nicette.*

NICETTE *émuë.*

Alain... Alain... mon cœur palpite.

ALAIN.

Le mien galope aussi son train.

NICETTE.

Cher Alain,
Quel sujet nous agite.

AIR. *Dieux ! quel moment !*

C'est de l'esprit assurément,
Qui nous vient brusquement.

ALAIN.

Je pensons tout de même.

Eprouvons encore ça. (*il lui baise encore la main.*)

Je sens en ce moment....
Ah quel moment !

NICETTE.

Un trouble extrême.

ENSEMBLE.

C'est de l'esprit assurément.

ALAIN.

Je n'aurons que faire d'aller à Paris pour en chercher. Mais ce n'est pas le tout.

NICETTE.

Je m'en doute bien ; car il me semble que l'esprit ne commence qu'à me venir, & c'est si peu...

ALAIN.

Oh ! il y a encore l'embrassement.

NICETTE.

Ah ciel ! J'entens tousser Monsieur le Tabellion. Le vlà. Cachez-vous derriere moi.

SCENE XVI.

NICETTE, ALAIN, Mr. SUBTIL.

Mr. SUBTIL.

Belle Nicette, je viens pour dresser les articles de mon mariage avec vous. Mais vous me paroissez émûë.

NICETTE *en serrant la main d'Alain qui est caché derriére elle.*

C'est que je suis à côté de ce qui me fait plaisir.

Mr. SUBTIL.

Je lui fais plaisir ? L'aimable enfant ! Que cette ingénuité a des charmes !

NICETTE *d'un ton niais affecté.*

Rendez-moi un service, Monsieur Subtil ; la nôce

de ma cousine se fait cheux nous ; je n'ai pas achevé d'y ranger ; si ma mere venoit, elle gronderoit. Allez au-devant d'elle pour l'amuser, elle est allée par-là-bas.

AIR. *Va-t'en voir s'ils viennent, Jean.*

Empêchez-la, que d'ici,
Elle ne s'aproche ;
L'Eveillé, Finette aussi,
Je crains leur reproche :
Ces causeurs avec maman
De moi s'entretiennent.

Mr. SUBTIL.

Rassurez-vous, belle Nicette, je vais faire le guet. (*en s'en allant.*) Qu'il est doux de garder ce qu'on aime.

SCENE XVII.

NICETTE, ALAIN.

NICETTE *acheve l'*AIR *ci-dessus vivement, lorsque Monsieur Subtil est éloigné.*

VA-t'en voir s'ils viennent, Jean,
Va-t'en voir s'ils viennent.

ALAIN.

Qu'est-ce que c'est que son mariage avec vous ?

NICETTE.

Il dit qu'il sera mon mari, je ne sçai pas ce que ça signifie ; mais il faut que le mariage soit bian joli, puisque l'Eveillé & ma cousine sont si aises de se marier.

ALAIN.

AIR. *Vite à Catin un verre.*

Oh, ne vous en déplaise.
Je serois, tatiguoi,
Fâché que vous soyez bien aise
Avec un autre qu'avec moi.

NICETTE *avec sentiment.*

Je sens bien aussi que je ne pourrois être bien a

sans vous. Puisque c'est ainsi, marions-nous nous deux.

ALAIN.

Bon, comme ça.

NICETTE.

Comment ferons-nous? Faut-il prendre conseil de l'esprit?

ALAIN.

AIR. *Pour voir un peu comme ça fera.*

C'est raisonner fort prudemment,
Il réglera notre conduite.
J'en étions à l'embrassement;
De ma leçon c'est une suite.
Belle Nicette, éprouvons-la,
Pour voir un peu comme ça fera.

(*L'Eveillé qu'on ne voit point, chante.*)

AIR. *Quel plaisir d'être avec vous.*

Quel plaisir
Vian me saisir!
Voici le moment qui va nous unir.

ALAIN *avec dépit.*

Peste soit de l'importun!

NICETTE.

C'est l'Eveillé, cachez-vous dans not' maison, je vais bien vîte le renvoyer.

SCENE XVIII.

L'EVEILLE', NICETTE.

L'EVEILLE'.

*Reprise de l'*AIR *ci-dessus.*

QU'il m'est doux de t'obtenir!
Ma brunette,
Joliette.
Quel plaisir
Vian me saisir!
Celle que j'aime,
Qui m'aime de même,
Va remplir
Tout mon desir,
Voici le moment qui va nous unir.

Nicette, vot' cousine est-elle prête ? Je venons la chercher.

NICETTE.

Oh vraiment, elle est fâchée que vous l'ayez fait trop attendre. Elle est sortie.

L'EVEILLE'.

Queu conte ! Eh, où est-elle allée ?

NICETTE.

O dam'.... écoutez. (*elle parle bas à l'Eveillé.*)

SCENE XIX.

Me. MADRE', L'EVEILLE', NICETTE.

Me. MADRE' *à Mr. Subtil qu'elle fait entrer dans la maison, pendant que Nicette parle à l'Eveillé.*

ENtrez toujours, Monsieur Subtil ; je vais vous envoyer Alain & Nicette.

NICETTE *à l'Eveillé.*

Ne dites pas que je vous l'ai dit, au moins.

L'EVEILLE'.

Non, non. Gramerci. (*en s'en allant.*)

Fin de l'AIR ci-dessus.

Quel plaisir
Vian me saisir !
Voici le moment qui va nous unir.

NICETTE *appercevant sa mere.*

Ah, vlà bien autre chose !

SCENE XX.

Me. MADRE', NICETTE.

Me. MADRE'.

QUe faites-vous ici, petite fille? Ah, ah, vlà un fichu plaisament mis.

NICETTE.

Dame, je suis simple.

Me. MADRE'.

Pourquoi ces fleurs dans vos cheveux? Vlà qu'ell

nouveau : je ne prétens pas qu'ous vous ajustiais comme ça ; quand vous serez mariée, à la bonne heure, on ne trouvera plus à redire à vos actions.

AIR. *Baise-moi donc, me disoit Blaise.*

A votre gré vous pourrez faire.

NICETTE.

Hé bien, hé bien, mariez-moi, ma mere.
Que ce soit plutôt que plus tard ;
Car, tenez, j'ai tant de bêtise,
Que je pourrois bien, par mégard,
Faire encore quelque sottise.

Me. MADRE'.

Vot' mariage va se tarminner tout-à-l'heure. Vot' mari futur est cheux nous.

NICETTE *vivement.*

Est-ce que vous le sçavez ?

Me. MADRE'.

Eh, vraiment oui.

NICETTE.

Vous l'avez donc vû entrer ?

Me. MADRE'.

Eh oui, vous dis-je. Qu'elle est bête !

NICETTE.

Et vous me permettez que je me marie avec lui, non avec d'autres ?

Me. MADRE'.

Oui, oui, esprit bouché, je le permets, je le veux, je l'ordonne, & vous serez ensemble dès demain.

NICETTE.

Que je suis contente !

Me. MADRE'.

Quel empressement ! Où court-elle ?

NICETTE.

Alain, Alain.

Me. MADRE', *voyant sortir Alain de chez elle avec Mr. Subtil.*

Qe vois-je !

SCENE XXI. & Derniere.

Mr. SUBTIL, ALAIN, Me. MADRE', NICETTE, L'EVEILLE', FINETTE.

Mr. SUBTIL.

NE puis-je sçavoir, Alain, pourquoi je vous trouve chez Madame Madré.

FINETTE *à Mr. Subtil.*

Ah! vous vlà Monsieur le Tabellion. J'ai couru tout le Village pour vous trouver. On dit que vous avez à me parler.

Mr. SUBTIL.

Qui vous a dit cela?

FINETTE.

C'est Nicette.

L'EVEILLE' *à Finette.*

Pardi, Mademoiselle Finette, est-ce que nous jouons aux barres? Queu caprice vous prend d'être fâchée contre moi?

FINETTE.

Qui vous a dit cela?

L'EVEILLE'.

C'est Nicette.

Me. MADRE'.

Alain, qu'est-ce qui vous a fait entrer cheux nous?

ALAIN.

Hé, hé, hé, c'est Nicette.

Me. MADRE'.

C'est Nicette, c'est Nicette. Expliquez-nous ça, morveuse.

NICETTE.

Dam', ma mere, vous sçavez bien que vous m'avez dit com' ça: petite fille, que je ne sçache pas qu'ous parliez avec Alain.

Me. MADRE'.

Hé bien, est-ce ainsi que vous m'obéissez?

NICETTE.

Vraiment oui. Afin que vous ne le sçachiez pas, ni personne, j'ai envoyé Finette d'un côté, l'Eveillé de l'autre, Monsieur Subtil a bien voulu avoir la bonté de faire le guet, & j'ai fait cacher Alain cheux nous.

L'EVEILLE'.

Pargué en vlà d'une bonne !

Mr. SUBTIL.

Quelle innocente !

FINETTE *rit.*

Ah, ah, ah.

Me. MADRE'.

Il est bien question de rire ?

NICETTE *vivement.*

AIR. *Loin que le travail m'épouvante.* De la Parodie d'*Atis.*

A présent je ne dois plus feindre,
De vous je n'ai plus rien à craindre,
Alain m'épousera demain.
Au plaisir mon ame se livre,
Si je n'avois mon cher Alain,
Je crois que je ne pourrois vivre.

L'EVEILLE'.

Comme elle en dégoise !

FINETTE.

Qu'est-ce qui diroit ça ?

Me. MADRE' *à Nicette.*

Queu galimathias me faites-vous? Vous me paroissez bien alerte.

NICETTE.

C'est qu'Alain m'a donné de l'esprit; vous ne me gronderez plus de n'en point avoir.

ALAIN.

Oh vraiment, je lui ai donné bien autre chose. Voyez, voyez, je lui ai donné encore votre bouquet & vos rubans; c'est mon amoureuse, j'ai bien retenu tout ce qu'ous avez dit.

AIR. *Chacun à son tour, liron, lirette.*

Bon effet ça vient de produire,
Gramerci, Madame Madré,

Vous

Vous avez bien voulu m'inſtruire,
Morgué, je vous en ſçai bon gré.
J'inſtruirons votre fille Nicette,
Je li montre à faire l'amour,
Chacun à ſon tour,
Liron, lirette,
Chacun à ſon tour.

Mr. SUBTIL.

Que dites-vous à cela, Madame Madré?

Me. MADRE'.

Vous-même, Monſieur Subtil.

Mr. SUBTIL.

Je dis que je cherchois une Agnés, & que je n'en trouve plus. Ils ſont plus fins que nous, puiſqu'ils nous ont attrapés, ainſi mon avis eſt qn'on les marie enſemble, pour arrêter les progrès de l'eſprit.

Me. MADRE'.

AIR. *Ne vous laiſſez jamais charmer, Iris, c'eſt une erreur extrême.*

Vous penſeriez à les unir;
Connoiſſent-ils le mariage?

ALAIN.

L'eſprit commence à nous venir;
J'en trouverons bientôt l'uſage.

Me. MADRE'.

Je ne m'attendois pas à ce qui nous arrive!

Mr. SUBTIL.

Ni moi. Puiſqu'il m'eſt impoſſible de trouver ce que je deſirois; je vous épouſerai, ſi bon vous ſemble, Madame Madré.

Me. MADRE'.

Je voulois épouſer un nigaud; mais..... c'eſt la même choſe, je vous prends; laiſſons-les enſemble.

FINETTE *à Nicette.*

Je vous félicite couſine.

AIR. *Non je ne ferai pas ce qu'on veut que je faſſe.*

De vous voir de l'eſprit, je ſuis fort ſatisfaite.
Alain, le ſot Alain, a dégourdi Nicette.

L'EVEILLE'.

Morgué, c'est à bon droit que le Proverbe dit :
Vivent, vivent les sots pour donner de l'esprit.

Vlà les violons qui viennent nous rejoindre : parguenne, en l'honneur de ça, dansons un petit branle, en attendant que tout not' monde soit rassemblé.

FIN.

www.ingramcontent.com/pod-product-compliance
Ingram Content Group UK Ltd.
Pitfield, Milton Keynes, MK11 3LW, UK
UKHW032012260826
14628UKWH00005B/2437

9 782329 463810